Ruth Kreider-Stempfle * Bettina Frensemeier

Keks und Krümel

Die Back * Werkstatt für Kinder

Gerstenberg

für * Johannes * Norah * Matthew & Mara

Bibliografische Information Der Deutschen Bibliothek
Die Deutsche Bibliothek verzeichnet diese Publika-
tion in der Deutschen Nationalbibliografie;
detaillierte bibliografische Daten sind im Internet
über http://dnb.ddb.de abrufbar.

Copyright © 2003 Gerstenberg Verlag, Hildesheim
Konzept, Gestaltung und Fotografien
Ruth Kreider-Stempfle, Bettina Frensemeier
Handschriften und Zeichnungen
Matthew Kreider
Satz und Layout
Kreider Design, München
Alle Rechte vorbehalten
Printed in China
ISBN 3-8067-5027-0

03 04 05 06 07   5 4 3 2 1

Backen mit Fantasie!

Mit Kindern zu backen ist immer wie-
der voller schönster Überraschungen.
Wie oft standen wir gemeinsam in der
Küche, haben Zutaten verknetet und in
mühevoller Kleinarbeit Plätzchen für
Plätzchen ausgestochen. Doch plötz-
lich mussten wir feststellen, dass die
Kinder ihre Ausstechformen längst
zur Seite gelegt hatten und aus dem
Teig kleine Skulpturen formten!

Fasziniert von dieser kindlichen Fantasie und Neugierde entstand die
Idee zu einem Backbuch, das Tradition
und Fantasie verbindet. Einem Backbuch, in dem die Arbeitsweise der
Kinder und die Ungeübtheit ihrer kleinen Hände im Mittelpunkt steht.
Die Testköche (2 bis 12 Jahre) haben
die Rezepte gründlich geprüft
und begeistert die Backwerke gebaut.

Mit Kindern zu backen heißt auch,
sie auf eine Reise in die Fantasie zu
begleiten. Entdecken Sie, wie aus
beliebten Keksrezepten leckere Figuren, Bilder und Spiele entstehen.
Wie sich Vanillekipferl in einen Iglu
verwandeln, wie Spitzbuben zu Wol-
kenkratzern heranwachsen und Spritzgebäck eine poppige Bilderausstel-
lung einrahmt.

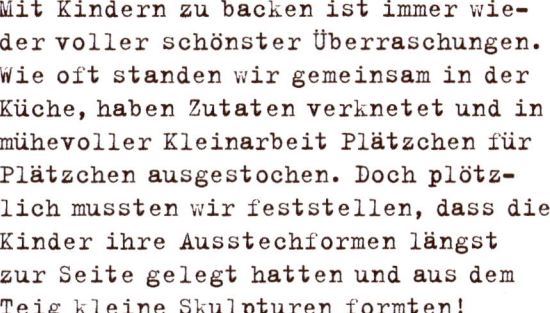

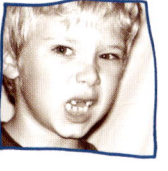

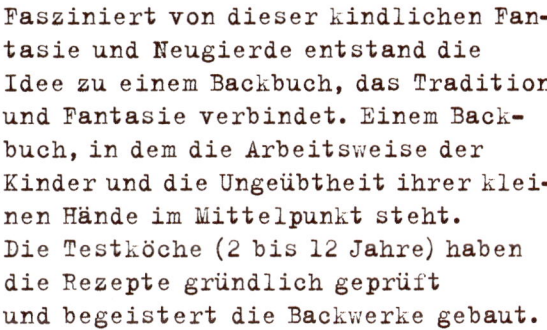

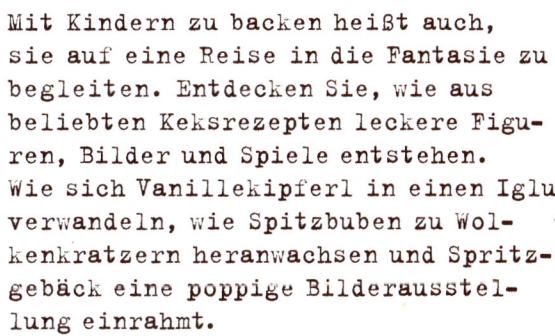

Willkommen...

in der Backwerkstatt für Kinder!
Bevor es losgeht, zuerst ein paar
kurze Erklärungen, wie du mit
„Keks und Krümel" arbeiten kannst.
Du brauchst übrigens nur einige
Zutaten, wenige Geräte, einen
Backofen und ein bisschen Zeit.

Jeder ist kreativ

Ob Eigenbrödler oder Gruppenbäcker,
Einsteiger oder Fortgeschrittener,
hier bekommst du genug Raum, um deine
grenzenlose Fantasie in Backwerke
umzusetzen.

Backen kann jeder

Halte dich einfach an die genauen
Angaben, Zutaten, Mengen und die
Reihenfolge der Zubereitung, dann
gelingen dir die Kekse bestimmt. Die
Zutaten für die Rezepte findest du
ganz leicht, sie sind groß und farbig
geschrieben. Du kannst sie überall
dort kaufen, wo es Lebensmittel gibt.

Aus der Trickkiste

Auch wenn du schon ein erfahrener
Bäcker bist, findest du hilfreiche
Tipps und Tricks in der „Kleinen Backwerkstatt". Hier siehst du, wie man
farbigen Zucker herstellt, einen
Spritzbeutel selber macht und Schokolade als Klebstoff verwenden
kann. Außerdem lernst du Schritt für
Schritt ein Ei zu trennen und wie dir
das Eiweißgebäck sicher gelingt.

Los geht's...

Lass dich anregen und schaffe deine
eigenen Kreationen!

Inhalt

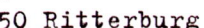
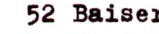
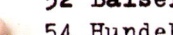

Kleine Backschule

Kleine Backschule

Vor dem Backen

Wasche zuerst deine Hände!

Binde lange Haare zusammen, damit sie nicht im Teig landen.

Lies das Rezept gründlich durch.

Stelle alle Zutaten zusammen und alle Geräte, die du brauchen wirst.

Ziehe eine Schürze, ein altes Oberhemd oder ein T-Shirt an.

Lege deine selbst genähten Topfhandschuhe bereit (S.64).

Während des Backens

Stecke deine Finger lieber in den Teig als in die Nase!

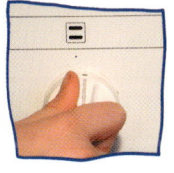
Lass dir den Backofen von einem Erwachsenen erklären. Stelle ihn rechtzeitig an.

Stelle den Küchenwecker, damit dein Backwerk nicht verbrennt!

Wartezeiten kann man auch zum Aufräumen und Abspülen nutzen!

Ziehe unbedingt deine Topfhandschuhe an, bevor du Heißes anfasst!

> **Arbeitsteilung:**
> Wenn Erwachsene mitbacken wollen, dann gib ihnen eine sinnvolle Aufgabe: z.B. Zitronenschalen reiben, Schokolade schmelzen oder die Plätzchen im Backofen bewachen.

Nach dem Backen

Abspülen und Aufräumen gehört auch zum Backen! Du darfst bestimmt öfter backen, wenn du kein Küchenchaos hinterlässt.

Verpacke die abgekühlten Kekse in Blechdosen, Cellophantüten oder Einmachgläsern (S.63).

Lade deine Freunde ein, koche einen Tee oder einen Kakao und genießt die frischen Plätzchen!

VamilleKipferl

VamilleKipferl

Puderleicht zu machen!

Der Reihe nach miteinander verkneten:

300g Mehl
100g Zucker
60g gemahlene Mandeln
60g gemahlene Haselnüsse
1 Päckchen Vanillezucker
1 Prise Salz
225g Butter in Stückchen

Stelle den gut verkneteten Teig
30 Minuten im Kühlschrank kalt.
Danach kleine Hörnchen (Kipferl) formen. Die Kipferl auf ein mit Backpapier belegtes Backblech setzen.
Im vorgeheizten Backofen 8-10 Minuten
bei 200°C goldbraun backen.

Vermischen: 8 EL Puderzucker
4 EL Vanillezucker

Wende die noch warmen Kipferl in der
Puderzucker-Mischung.

Temperatur: 200°C
Backzeit: 8-10 Min.
Menge: 60 Stück
Aufbewahrung: Blechdose

Iglus

Cooles Versteck, das niemals schmilzt!

Vorbereiten:	**Vanillekipferl-Teig** s.9
1. Formen und backen:	Forme etwa 3 u-förmige Kipferl. Rolle den Restteig 5 mm dick aus. Schneide mit einem langen Messer 1 cm, 1,5 cm und 2 cm breite Streifen. Aus den Streifen Trapezformen schneiden. Lege die „Bausteine" auf ein mit Backpapier belegtes Backblech. Im vorgeheizten Backofen 8–10 Minuten bei 200°C goldbraun backen. Abkühlen lassen.
2. Schmelzen und abkühlen lassen:	**200g weiße Schokolade**
3. Unterbau vorbereiten:	Stelle ein Schälchen auf den Kopf. Decke es mit Frischhaltefolie ab und ziehe die Enden der Folie straff um den Schälchenrand nach innen.
4. Eingang bauen:	Bestreiche ein u-förmiges Kipferl mit Schokolade und klebe es an die Folie. Für den Iglu-Eingang weitere U-Kipferl voreinander kleben.
5. Bestreichen:	Verteile reichlich geschmolzene Schokolade über dem Schälchen. Schokolade fest werden lassen. Dann nochmals dick mit Schokolade bestreichen, damit der Iglu ganz stabil wird.
6. Iglu bauen:	Nimm die größten Bausteine und klebe sie als unterste Reihe an die Schokolade. Die Bausteine Reihe für Reihe von unten nach oben ankleben, die kleinsten Steine zuletzt. Den Iglu im Kühlschrank erkalten lassen, bis die Schokolade richtig hart ist.
7. Unterbau entfernen:	Ziehe das Schälchen vorsichtig aus dem Iglu. Eine gute Aufgabe für Erwachsene.
8. Bestäuben:	**Puderzuckermischung** s.9

Bausteine

4 Jahre

Norah

„Ich habe einen Schatz im Iglu versteckt, aber nicht weitersagen!"

1.

2.

3.

4.

5.

6.

7.

8.

11

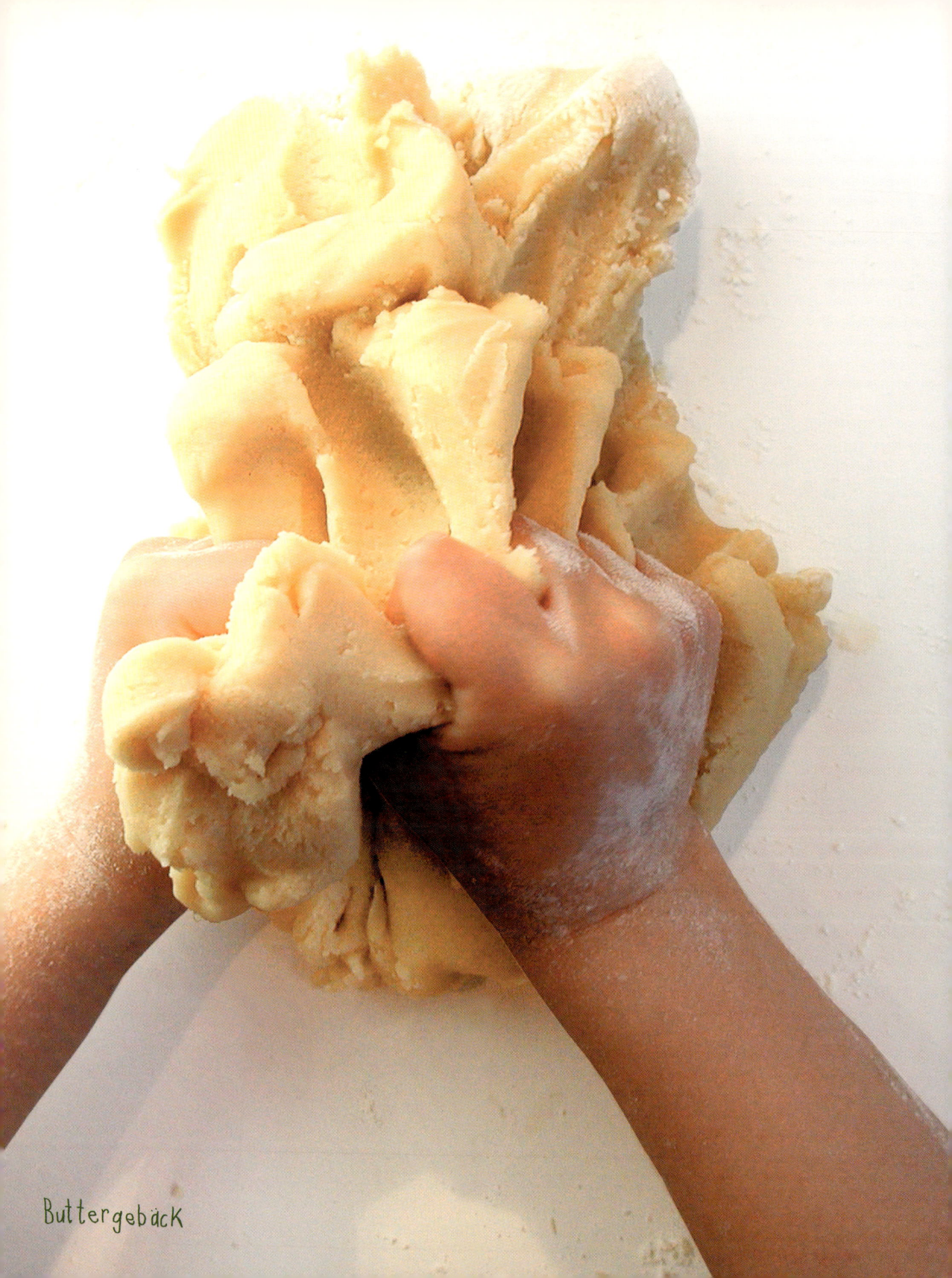

Buttergebäck

Buttergebäck

Einfach klassisch!

Der Reihe nach miteinander verkneten:

300g Mehl

150g Zucker

1 Päckchen Vanillezucker

1 Prise Salz

1 Ei

200g Butter in Stückchen

Stelle den gut verkneteten Teig 30 Minuten im Kühlschrank kalt. Rolle den Teig auf einer leicht bemehlten Arbeitsfläche 5mm dick aus. Drücke die Ausstechformen deiner Wahl kurz in Mehl und stich dann die Plätzchen aus. Setze sie auf ein mit Backpapier belegtes Backblech.

Verquirlen: 1 Eigelb*

Verquirle das Eigelb mit einer Gabel. Bestreiche mit einem Pinsel damit die Plätzchen.

Bestreuen: Hagelzucker

bunter Zucker oder

Nüsse

Das Buttergebäck im vorgeheizten Backofen 10-12 Minuten bei 180°C goldbraun backen.

*Das Eiweiß brauchst du nicht wegzuwerfen. Du kannst es z.B. für Eiweißgebäck verwenden.

Zuckerguss

Natürlich kannst du deine Plätzchen auch mit Zuckerguss verzieren. Verrühre 250g Puderzucker mit 4 EL Zitronensaft. Mit Lebensmittelfarbe kannst du die Glasur bunt einfärben. Du brauchst die Kekse vor dem Backen dann nicht mit Eigelb zu bestreichen. Wie im Rezept backen und nach dem Abkühlen Plätzchen mit der Glasur bepinseln.

Temperatur: 180°C

Backzeit: 10-12 Min.

Menge: 60 Stück

Aufbewahrung: Blechdose

13

Zauberwald

Auf geht's ins Märchenland!

Vorbereiten:	Buttergebäck-Teig S.13
1. Hinzukneten:	1 TL grüne Lebensmittelfarbe
	1 EL Kakao
2.+3. Ausrollen und ausstechen:	Suche kleine, mittlere und große Ausstechformen zusammen. Rolle den Teig 5 mm dick aus. Ausstecher kurz in Mehl drücken und dann Plätzchen ausstechen. Ausstechreste können auch Zauberbäume ergeben! Setze die Plätzchen auf ein mit Backpapier belegtes Backblech. Im vorgeheizten Backofen 10-12 Minuten bei 180°C backen. Abkühlen lassen.
4. Schmelzen:	200g Schokolade
5. Scheiben schneiden:	200g getrocknete Früchte
	Dicke und dünne Scheiben schneiden.
6. Bestreichen und stapeln:	Wähle ein Plätzchen als „Wurzel" aus. Bestreiche mit einem Messer eine Seite einer Fruchtscheibe mit Schokolade („Schokolade als Klebstoff", S.61). Klebe sie auf das Plätzchen. Klebe abwechselnd Plätzchen und Früchte aufeinander. Gläser können deine Kreationen stützen, bis die Schokolade hart genug ist. Nun zaubere deinen eigenen Märchenwald!

Probier doch mal...
einen winterlichen Weihnachtswald zu zaubern. Sternplätzchen mit Datteln und geschmolzener Schokolade ergeben einen süßen Tannenbaum. Der weiße „Schokoschnee" ist ein perfekter Kleber für leckeren Weihnachtsschmuck.

1.

2.

3.

4.

5.

6.

Knusperröllchen

Knusperröllchen

Zuckersüß und durchgedreht!

Schmelzen:	125g Butter
Der Reihe nach hinzugeben:	200g Zucker
	1 Päckchen Vanillezucker
	1 Prise Salz
	2 Eier
	50 ml Milch

Verrühre die Zutaten mit einem Handrührgerät zu einer cremigen Masse.

Hinzugeben: **150g Mehl**
Verrühre das Mehl mit der cremigen Masse und fülle den Teig in ein Kännchen.

> Probier doch mal...
> die warmen Teigkreise
> um ein Nudelholz zu
> legen. Sobald sie abgekühlt sind, kannst
> du sie wie „Kartoffel-
> chips" in einer Papp-
> rolle stapeln.

Gießen: Gieße runde Formen auf ein mit Backpapier belegtes Backblech. Die Kleckse mit einem Esslöffel zu 9 cm großen Kreisen glatt streichen. Backe zuerst nur 3 bis 4 Kreise, damit du die Wickeltechnik üben kannst. Im vorgeheizten Backofen 8-10 Minuten bei 180°C goldgelb backen.

Wickeln: Die gebackenen Kreise mit einem Tortenspachtel vom Blech nehmen und rasch um einen dünnen Kochlöffelstiel wickeln. Ziehe das Röllchen vom Kochlöffel ab. Wichtig: Schnell arbeiten, damit die Kreise nicht hart werden! Falls die Kreise schon abgekühlt sind, schiebe das Blech noch mal kurz in den warmen Backofen, dann werden sie wieder weich und lassen sich formen.

Temperatur:	180°C
Backzeit:	8-10 Min.
Menge:	60 Stück
Aufbewahrung:	luftdicht!

Keks-Botschaften

Ratz, fatz, knack den Schatz!

Vorbereiten: **Knusperröllchen-Teig** S.17

1. Botschaften schreiben: Schreibe fantasievolle Botschaften auf Papierstreifen oder kleine Zettelchen. (Es gibt auch Stifte aus Lebensmittelfarbe.)

2. Gießen: Fülle den Teig in ein Kännchen und gieße kleine Kleckse auf ein mit Backpapier belegtes Backblech.

3. Glatt streichen: Kleckse mit einem Esslöffel zu etwa 9 cm großen Kreisen glatt streichen. Im vorgeheizten Backofen 8-10 Minuten bei 180°C goldgelb backen.

4. Lösen: Kreise schnell mit einem Tortenspachtel vom Blech nehmen. Wichtig: Schnell arbeiten, damit die Kreise nicht hart werden!

5. Formen und falten: Lege ein Zettelchen auf einen Keks. Klappe die beiden Kekshälften aufeinander.

6. Biegen: Biege den Halbmond um einen Schälchenrand. Abkühlen lassen.

Falls der Teig schon abgekühlt ist und sich nicht mehr formen lässt, dann das Blech noch mal kurz in den Backofen schieben.

Kekse unbedingt luftdicht aufbewahren, damit sie knusprig bleiben.

> Probier doch mal... eine Entschuldigung in eine so süße Verpackung einzubacken. Wer kann da noch böse sein?

1.

2.

Einladung
du mit mir gehen?
ja □nein □vielleicht
8·6=48
8·7=56
9·7=63
Will you be my Valentine

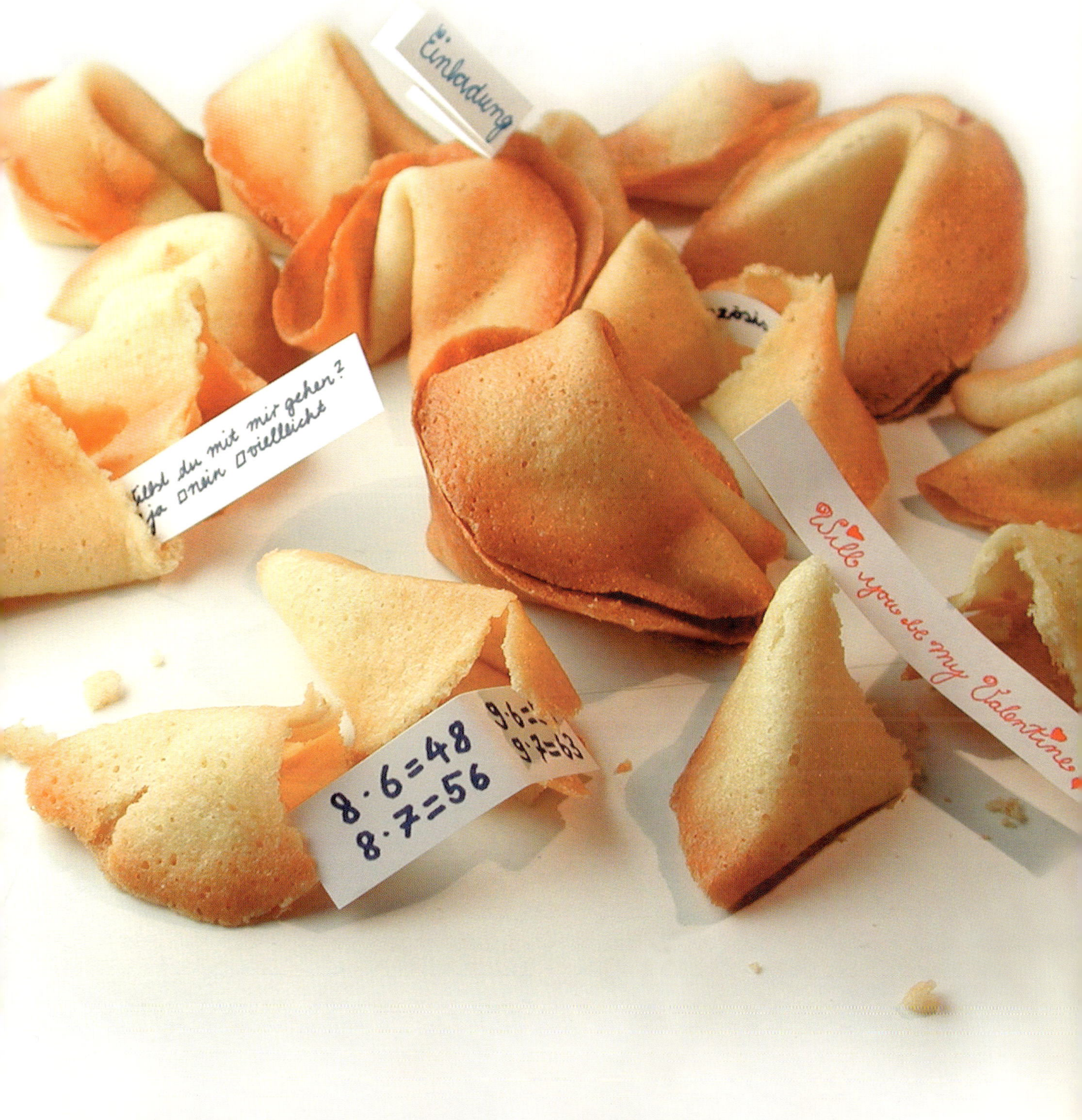

3.

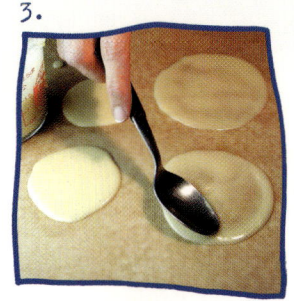

4.

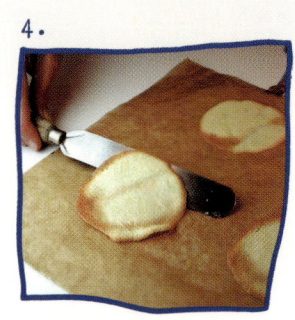

5.

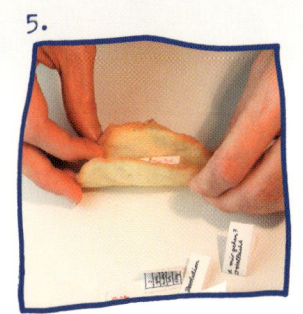

6.

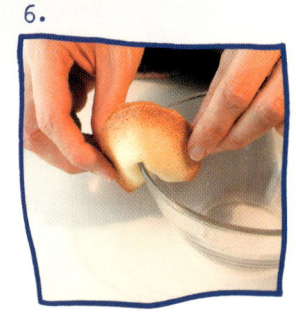

Spitzbuben

Spitzbuben

Frecher Genuss — auch für Unschuldsengel!

Der Reihe nach miteinander verkneten:
400g Mehl
200g Zucker
200g gemahlene Mandeln
1 Päckchen Vanillezucker
1 Prise Salz
1 Ei
350g Butter in Stückchen

Stelle den gut verkneteten Teig 30 Minuten im Kühlschrank kalt. Rolle den Teig 5 mm dick auf einer leicht bemehlten Arbeitsfläche aus. Drücke eine runde Ausstechform (3 cm) in Mehl und stich damit die Plätzchen aus. Bei der Hälfte der Plätzchen in der Mitte eine kleine Form ausstechen, z.B. Sterne, Kreise oder Herzchen. Setze die Plätzchen auf ein mit Backpapier belegtes Backblech. Im vorgeheizten Backofen 10-12 Minuten bei 180°C goldbraun backen. Abkühlen lassen.

Erhitzen und glatt rühren: 1 Tasse rote Marmelade
Bestreiche die Plätzchen ohne Loch mit der warmen Marmelade und setze auf jedes ein Plätzchen mit Loch.

Bestäuben: Puderzucker

Temperatur: 180°C
Backzeit: 10-12 Min.
Menge: 40 Stück
Aufbewahrung: Blechdose

WolkenKratzer

Das Höchste für Hochstapler!

Vorbereiten: Spitzbuben-Teig S.21

1. Ausrollen: Rolle den Teig 5 mm dick aus.

2. Ausstechen und schneiden: Stich runde Formen unterschiedlicher Größe aus und schneide mit einem langen Messer Quadrate oder Rechtecke zu. Auf ein mit Backpapier belegtes Backblech setzen und im vorgeheizten Backofen 10-12 Minuten bei 180°C goldbraun backen.

Erhitzen: 2 Tassen rote Marmelade

3. Bestreichen und stapeln: Bestreiche die Kekse mit der Marmelade und stapel sie zu Türmen.

Stadtviertel anlegen: Stelle die Wolkenkratzer zu einem Stadtviertel zusammen.

4. Fahrzeuge bauen: Baue aus kleinen zusammengeklebten Keksen die Fahrzeugteile.

Schmelzen: 50g Schokolade

5.+6. Ankleben: Smarties, große und kleine Salzstangen

Mit der geschmolzenen Schokolade kannst du Smarties als Räder und Ampellichter ankleben. Salzstangen kannst du als Ampelmaste und als Ladung für die Lastwagen verwenden.

Lass deiner Fantasie freien Lauf und schaffe deine eigene Traumstadt!

7 Jahre

Matthew

„Wolkenkratzer sind voll cool. Mein höchster hatte 58 Stockwerke!"

1.

2.

3.

4.

5.

6.

Zitronenbrezeln

Zitronenbrezeln

Sauer macht lustig!

Der Reihe nach miteinander verkneten:

350g Mehl
100g Zucker
geriebene Schale einer
½ ungespritzten Zitrone
1 Prise Salz
3 EL Zitronensaft
1 Ei
125g Butter in Stückchen

Stelle den gut verkneteten Teig 30 Minuten im Kühlschrank kalt. Forme aus dem Teig 20 cm lange, bleistiftdicke Rollen. Diese zu Brezeln verschlingen. Auf ein mit Backpapier belegtes Backblech setzen und im vorgeheizten Backofen 10-12 Minuten bei 200°C lichtgelb backen. Abkühlen lassen.

Für die Glasur verrühren:

150g Puderzucker
2 EL Zitronensaft

Bestreiche mit einem Pinsel die Brezeln mit dem Zuckerguss.

Probier doch mal... Buchstaben aus dem Teig zu formen und deinen Namen zu schreiben.

Temperatur: 200°C
Backzeit: 10-12 Min.
Menge: 40 Stück
Aufbewahrung: Blechdose

Labyrinth

Für ausdauernde Pfadfinder!

Vorbereiten:	**Zitronenbrezel-Teig** S.25
Ausrollen und ausschneiden:	Rolle den Teig zu einer 7 mm dicken Teigplatte auf Backpapier aus. Pause das Labyrinthmuster von S.67 auf Backpapier durch und lege es auf die Teigplatte. Gib an allen vier Seiten 2 cm dazu und schneide den Labyrinthboden aus. Restteig beiseite legen.
1. Durchzeichnen:	Labyrinthmuster mit der Rückseite eines Pinsels auf den Teig durchdrücken. Startmulde (●) eindrücken.
2. Rollen:	Aus dem Restteig dünne Schlangen (dünner als Bleistifte) rollen.
3. Rillen bestreichen:	Bepinsel die durchgedrückten Labyrinth-Rillen dünn mit Milch.
4. Labyrinthpfade bauen:	Lege die Teigschlangen in die Rillen; beginne mit der Außenmauer.
Hinzukneten:	**Lebensmittelfarbe** Farbe in den Restteig kneten.
5. Labyrinthmauern verstärken:	Rolle dünne Schlangen aus dem gefärbten Teig. Bepinsel die bereits gelegten Mauern mit Milch und lege die farbigen Teig-Schlangen darauf.
6. Pfade auffüllen:	**200g getrocknete Erbsen** Damit die Labyrinthmauern beim Backen nicht verrutschen, fülle die Leerräume mit Erbsen auf. Im vorgeheizten Backofen 20-25 Minuten bei 200°C lichtgelb backen. Abkühlen lassen. Erbsen entfernen.

11 Jahre

Edith

„Daraus kann man doch bestimmt einen Minigolf-Park backen, mit Tunneln und so...!?"

1.

2.

Spielanleitung:

Lege eine Schokokugel in die Startmulde.
Halte das Labyrinth mit beiden Händen
fest. Versuche durch Hin- und Herbewegen
des Labyrinths die Kugel durchs Ziel
direkt in deinen Mund zu befördern*!
Verpacke das Labyrinth zum Verschenken
in eine unbenutzte Pizzaschachtel.

*Für Kinder unter 3 Jahren nicht geeignet.

3.

4.

5.

6.

KoKosmaKronen

KoKosmaKronen

Krosser Klacks mit saftigem Kern!

Cremig schlagen:	**4 Eiweiß***
Löffelweise hinzugeben:	**200g Zucker**
	1 Päckchen Vanillezucker

Schlage das Eiweiß so lange, bis aller Zucker verbraucht ist. Weiterschlagen, bis die Eiweißmasse steif ist und feste Spitzen bildet.

Nach und nach unterheben:	**1 TL Zitronensaft**
	2 EL Speisestärke
	250g Kokosraspel

Hebe die Zutaten vorsichtig unter die Eiweißmasse. Setze mit einem Teelöffel walnussgroße Häufchen auf ein mit Backpapier belegtes Backblech. Im vorgeheizten Backofen 15-20 Minuten bei 160°C lichtgelb backen. Die Makronen sind innen noch saftig, wenn man sie an der Unterseite leicht eindrücken kann. Abkühlen lassen.

Schmelzen:	**200g Schokolade**

Tauche die Kokosmakronen mit der Unterseite in die geschmolzene Schokolade und setze sie zum Trocknen auf Backpapier.

*Die Eigelb brauchst du nicht wegzuwerfen. Du kannst sie z.B. zum Bestreichen des Buttergebäcks (S.13) oder für die Pop-Art-Farben (S.58) verwerten.

Temperatur:	**160°C**
Backzeit:	**15-20 Min.**
Menge:	**60 Stück**
Aufbewahrung:	**luftdicht**

KokosKabinett

Monster-Experten gesucht!

Vorbereiten: Kokosmakronen-Teig S.29

1. Häufchen formen: Du benötigst etwa 3 verschiedene Makronengrößen: Setze mit einem Espressolöffel Mini-Teighäufchen auf ein mit Backpapier belegtes Backblech. Im vorgeheizten Backofen etwa 7 Minuten bei 160°C lichtgelb backen. Setze in der Zwischenzeit mit einem Teelöffel walnussgroße Häufchen auf ein neues Backpapier. Mit einem Esslöffel die größten Haufen auf ein drittes Backpapier setzen. Die mittleren Häufchen 15-20 Minuten und die großen 20-25 Minuten bei 160°C backen.

2. Schmelzen: 200g weiße Schokolade

3. Bestreichen: Bestreiche die abgekühlten Makronen an der Unterseite mit Schokolade.

4. Zusammenkleben: Jeweils zwei gleich große Makronen zu Kugeln zusammenkleben. Trocknen lassen.

5. Zusammensetzen: Klebe die Kugeln mit Schokolade aneinander. Die Kugeln sind die Gliedmaßen für deine Drachen, Monster und anderen schrecklichen Ungeheuer.

6. Schmücken: Smarties

Kandiszucker

Smarties kannst du als Nasen oder Krallen und Kandiszucker als schaurige Zähne mit Schokolade ankleben. Lass deiner Fantasie ihren Lauf und schöpfe dein eigenes Gruselkabinett!

„Monstrum dentatum ssp. sparda"
(Nordisches Säbelzahnmonster,
vor 3 Mio. Jahren ausgestorben)

7 Jahre

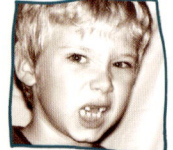

Jonathan

„Ich hab meine Mama mit dem Kokosmonster voll erschreckt!"

1.

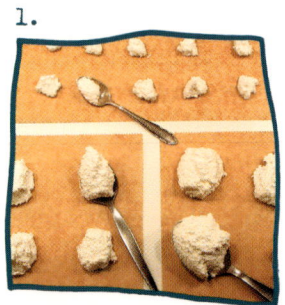

2.

Monster-Ausstellung:

Stabile Plastikboxen wie z.B. die Verpackungen von Pralinen oder Wattestäbchen kannst du als kleine Glasvitrinen und Schaukästen verwenden. Monster reinstellen und kleine Schildchen an die Vitrinen kleben — wie in einem echten Museum.

„Draco igniferus ssp. octo podus"
(Feuer speiender 8-Beindrache,
vor 2,5 Mio. Jahren ausgestorben)

3.

4.

5.

6.

31

Schwarz * Weiß * Gebäck.

Schwarz ∗ Weiß ∗ Gebäck.

Rollen, schneiden, staunen!

Der Reihe nach miteinander verkneten:
375g Mehl
175g Zucker
1 Päckchen Vanillezucker
1 Prise Salz
250g Butter in Stückchen

Halbiere den gut verkneteten Teig und lege die eine Hälfte zur Seite.

Zur zweiten Hälfte hinzukneten:
3 EL dunkler Kakao
2 EL Zucker
1 TL Milch

Knete den Teig so lange, bis er gleichmäßig braun ist. Wickel dann beide Teige in Folie. Im Kühlschrank 30 Minuten kalt stellen.

Rolle beide Teige auf einer leicht bemehlten Arbeitsfläche etwa gleich groß aus. Beide Teigplatten mit Milch bestreichen. Lege die Teigplatten aufeinander und rolle sie zu einer Wurst. Schneide 5 mm dicke Scheiben ab und setze sie auf ein mit Backpapier belegtes Backblech. Im vorgeheizten Backofen 8-10 Minuten bei 200°C gold-braun backen.

Temperatur: 200°C
Backzeit: 8-10 Min.
Menge: 60 Stück
Aufbewahrung: Blechdose

Schachbrett und Dame

Hier kommt jeder zum Zug!

Vorbereiten: S.W.-Gebäck-Teige S.33

1. Ausrollen, schneiden, einritzen: Rolle zuerst den weißen Teig 5 mm dick auf Backpapier aus. Pause das Schachbrettmuster von S.69 auf Backpapier durch und lege es auf die Teigplatte. Schneide mit einem langen Messer an der Umrisslinie entlang. Ritze außerhalb der Umrisslinie die Markierungsstriche ein.

2. Ausschneiden: Schneide mit einem langen Messer exakt von Markierungsstrich zu Markierungsstrich.

3. Muster legen: Restteig vom Rand entfernen. Jedes zweite Teigquadrat herausnehmen, so dass ein Schachbrettmuster entsteht.

4. Schneiden: Wiederhole die Arbeitsschritte 1. und 2. mit dem braunen Teig. Schneide aus dem Restteig 1cm breite Streifen und umrahme damit das weiße Schachbrettmuster.

5. Muster ausfüllen: Die Lücken des Schachbrettes mit den braunen Quadraten ausfüllen. Im vorgeheizten Backofen 15-20 Minuten bei 180°C backen.

6. Rollen, schneiden: 1cm dicke Teigschlangen aus dem weißen und dem braunen Restteig rollen, in Folie wickeln und 30 Minuten kalt stellen. Die Teigrollen in 4mm dicke Scheiben („Spielsteine") schneiden; mindestens 20 pro Farbe. Steine 6-8 Minuten bei 180°C backen.

> Probier doch mal...
> aus Restteig Schachfiguren auszustechen:
> z.B. Krone = König, Tannenbaum = Turm, Schweinchen = Bauer usw... Damit die Figuren besser stehen, klebe 2 Kekse der gleichen Form mit Schokolade zusammen. Natürlich kannst du die Schachfiguren auch aus Marzipan formen.

1.

2.

für Opa

Geschenkidee:

Spielbrett in eine unbenutzte Pizza- schachtel schieben und die Spielsteine in Folie wickeln und außen an dem Päckchen befestigen.

3.

4.

5.

6.

Lebkuchen

LebKUchen

Würzig, weich, wunderbar weihnachtlich!

Der Reihe nach miteinander verkneten:

500g Mehl

1 Päckchen Backpulver

100g Zucker

125g gemahlene Mandeln

2 TL Zimt

1 TL Ingwerpulver

1 Prise Salz

1 Ei

50g Butter in Stückchen

350g Honig

Rolle den gut verkneteten Teig 7mm dick aus. Schneide etwa spielkarten-große Rechtecke oder Formen deiner Wahl aus. Auf ein mit Backpapier belegtes Backblech setzen.

Garnieren: ganze geschälte Mandeln
Drücke die Mandeln in die ausge-schnittenen Teigformen. Im vorge-heizten Backofen 15-20 Minuten bei 180°C goldbraun backen.

Lass die Lebkuchen abkühlen und so lange an der Luft liegen, bis sie weich sind. Verpacke sie dann luftdicht.

Temperatur: 180°C

Backzeit: 15-20 Min.

Menge: 30 Stück

Aufbewahrung: luftdicht

Krippenspiel

Ihr Kinderlein kommet...

Vorbereiten: **Lebkuchen-Teig** S.37

1. Ausrollen und schneiden: Zeichne die Stallbauteile auf Papier und schneide sie aus. Rolle den Teig 7mm dick auf einem mit Backpapier belegten Backblech aus. Papiermuster mit genügend Abstand zueinander auf den Teig legen und die Stallbauteile ausschneiden. Teigreste entfernen. Ausgeschnittene Bauteile nicht mehr bewegen! 15-20 Minuten bei 180°C backen. Schneide die Enden der noch warmen Lebkuchen ab (siehe Foto) und vergiss nicht, den Lebkuchen für Wand und Balken zu halbieren!

2. Figuren formen, schmücken: Forme aus dem Restteig Krippenfiguren und dreieckige Stützen. Setze sie auf ein mit Backpapier belegtes Backblech. Teigfiguren mit Nüssen und Salzstangen schmücken. 15 Minuten bei 180°C backen.

Stallbauteile:

Dach: 35x12 cm

Seite links: 10 x 20 cm

Boden: 23 x 10 cm

Seite rechts: 10 x 10 cm

Wand und Balken: 10 x 15cm

3. Schmelzen: **200g Zartbitter-Schokolade** Die Schnittkanten der Seitenteile in Schokolade tauchen.

4. Kleben: Klebe die Seitenteile im rechten Winkel an die Kanten des Stallbodens und stütze sie mit Gläsern ab. Schokolade hart werden lassen!

5. Dach ankleben: Lege den Stall auf die Seite. Klebe mit viel Schokolade das Dach, die Wand und den Balken an. Alle Fugen nochmals mit viel Schokolade bestreichen.

6. Stützen ankleben: Schneide eine Seite der dreieckigen Stützen ab und klebe sie mit Schokolade an Figuren, die stehen sollen.

7. Verrühren: **250g Puderzucker** **4 EL Zitronensaft**

8. Einfärben: **Lebensmittelfarbe** Verteile den Zuckerguss in mehrere Schälchen und färbe ihn bunt ein.

4 Jahre

Lisa „Ich hab den kleinen Jesus in eine Marshmallow-Decke gewickelt."

Verzieren: Bemale und verziere die Figuren mit Zuckerguss, Schokolade usw.

"Geburtstag in Bethlehem" Eintritt frei

1.

2.

3.

4.

5.

6.

7.

8.

Zimtsterne

Zimtsterne

Himmlischer Hochgenuss!

Zu sehr steifem Eischnee schlagen: 4 Eiweiß*

Löffelweise hinzugeben: 400g Puderzucker, gesiebt

Schlage das Eiweiß so lange, bis der Puderzucker verbraucht ist. Weiterschlagen, bis eine cremig-feste Masse entsteht.

Wichtig: Stelle für die Glasur eine Tasse der Eischneemasse beiseite. - - ->

Unterheben: ½ EL Zitronensaft

2 EL Zimt

450g gemahlene Mandeln

Hebe zuerst den Zitronensaft und Zimt unter die restliche Eischneemasse, danach die Mandeln. Verknete die Masse nun zu einem festen Teig.

Bestreue die Arbeitsfläche mit Zucker. Rolle den gut verkneteten Teig etwa 8 mm dick auf dem Zucker aus. Tauche die Ausstechformen kurz in Wasser und stich Sterne aus. Setze sie auf ein mit Backpapier belegtes Backblech. Bepinsel die Sterne dick mit der Glasur.

Im vorgeheizten Backofen 20-25 Minuten bei 120°C eher trocknen lassen als backen. Die Sterne dürfen nicht anbräunen. Zimtsterne schmecken besonders lecker, wenn man sie nach dem Backen an der Unterseite leicht eindrücken kann.

*Die Eigelb brauchst du nicht wegzuwerfen. Du kannst sie z.B. zum Bestreichen des Buttergebäcks (S.13) oder für die Pop-Art-Farben (S.58) verwerten.

Temperatur: 120°C

Backzeit: 20-25 Min.

Menge: 60 Stück

Aufbewahrung: luftdicht

Puzzle

Tüftler gesucht!

Vorbereiten: **Zimtstern-Teig, Glasur** S. 41

1. Ausrollen, schneiden, vorritzen: Rolle den Teig 8 mm dick auf gezuckertem Backpapier aus. Lege das auf Backpapier durchgepauste Puzzlemuster (S. 71) auf den Teig. Mit einem Messer an der Umrisslinie des Musters entlangschneiden. Ritze außerhalb der Umrisslinie die Markierungsstriche ein.

2. Muster schneiden: Schneide von Markierung zu Markierung erst die horizontalen, danach die diagonalen Linien. Restteig entfernen und beiseite legen.

3. Auseinanderschieben: Damit die Teile nicht zusammenkleben, schiebe sie auseinander.

4. Zeichnen: Zeichne auf Backpapier ein 18 x 19,5 cm großes Rechteck für den Puzzlerahmen.

5. Ausrollen, schneiden: Für den Rahmen rolle den Restteig auf einer gezuckerten Arbeitsfläche 8 mm dick aus. 2,5 cm breite Streifen schneiden und an die gezeichnete Rahmenlinie legen. Streifenreste abschneiden.

Glasur färben: **Lebensmittelfarbe**
Glasur in 3 Schälchen verteilen und Lebensmittelfarbe einrühren.

6. Anmalen: Bestreiche Rahmen und Puzzle-Steine mit den Glasuren, so dass ein schönes Muster entsteht. Im vorgeheizten Backofen 20-25 Minuten bei 120°C backen.

12 Jahre

Annkathrin

„Am liebsten hätte ich das Puzzle selber gegessen, als es meiner Mama zu schenken!"

1.

2.

3.

4.

5.

6.

Löffelbiskuits

Löffelbiskuits

Locker, luftige Leichtigkeit!

Zu steifem Eischnee schlagen:	3 Eiweiß
Löffelweise hinzugeben:	75g Zucker

Weiterschlagen, bis der Zucker verbraucht ist und eine cremig-feste Masse entsteht. Die Eischneemasse zur Seite stellen.

- - - - - - - - - - - - - - - - - - -

Zu schaumiger Eigelbmasse schlagen:	3 Eigelb

In einer zweiten Schüssel Eigelb zu einer sehr schaumigen Masse schlagen.

Nach und nach hinzurühren:	25g Zucker
	1 Päckchen Vanillezucker
	abgeriebene Schale einer ungespritzten Zitrone

Schlage die Eigelbmasse etwa 5 Minuten, bis sie schaumig, luftig und hellgelb ist.

Unterheben:	Hebe die Eigelbmasse vorsichtig unter die Eischneemasse.

Mischen:	100g Mehl, gesiebt
	1 Msp. Hirschhornsalz*

Hebe das Mehlgemisch gleichmäßig unter die Eigelb-Eischnee-Masse. Fülle den Teig in einen Spritzbeutel mit großer runder Tülle. 8 cm lange Streifen auf ein mit Backpapier belegtes Backblech spritzen. Im vorgeheizten Backofen 30-40 Minuten bei 120°C goldgelb backen.

*Der strenge Geruch beim Backen kommt vom Hirschhornsalz. Keine Angst — die Biskuits schmecken super!

Temperatur:	120°C
Backzeit:	30-40 Min.
Menge:	50 Stück
Aufbewahrung:	luftdicht!

Skelette

Gruseliges Marionettenspiel!

Vorbereiten: Löffelbiskuit-Teig S.45

1. Aufzeichnen: Lege deine Hand flach auf ein Backpapierblatt und umzeichne sie mit einem Bleistift.

2. Markieren: Zeichne an den Fingergelenken Markierungen für die einzelnen Knochen ein. Drehe das Papier um; die Zeichnung muss durchscheinen.

Zuschneiden: Weißes Baumwollgarn
Schneide für jeden Finger einen etwa 25 cm langen Faden zu. (Die Fäden dienen später als bewegliche Verbindungen der Knochen.)

3. Spritzen: Fülle den Teig in einen Spritzbeutel mit runder Tülle. Nun spritze den Teig langsam auf deine Zeichnung und zwar von Markierungspunkt zu Markierungspunkt. Die „Gelenke" freilassen, damit das Skelett später beweglich ist. Darauf achten, dass du die einzelnen Fingerknochen gerade spritzt. Für die Handwurzelknochen spritze ein paar Teigkleckse.

4. Fäden auflegen: Lege die Fäden auf die Teigknochen und ziehe sie straff. Die Fäden sollen unbedingt mit Teig bedeckt sein. Lass die Überlänge der Fäden am Handgelenk überstehen, damit du die Skelette nachher besser greifen kannst.

Im vorgeheizten Backofen 20-30 Minuten bei 120°C goldgelb backen.

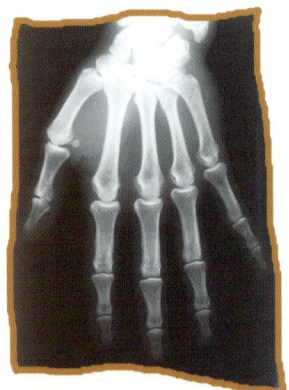

Wie sieht wohl das Röntgenbild eines Haies oder einer Fledermaus aus?

Probier doch mal...
eine gruselige „Geisterbahn" zu bauen: Hänge die Skelett-Hände mit langen Fäden in Kopfhöhe an die Zimmerdecke. Raum abdunkeln. Nun führe deine Halloween-Gäste durch den Raum und lass sie erraten, welch seltsames Ding ihr Gesicht berührt!

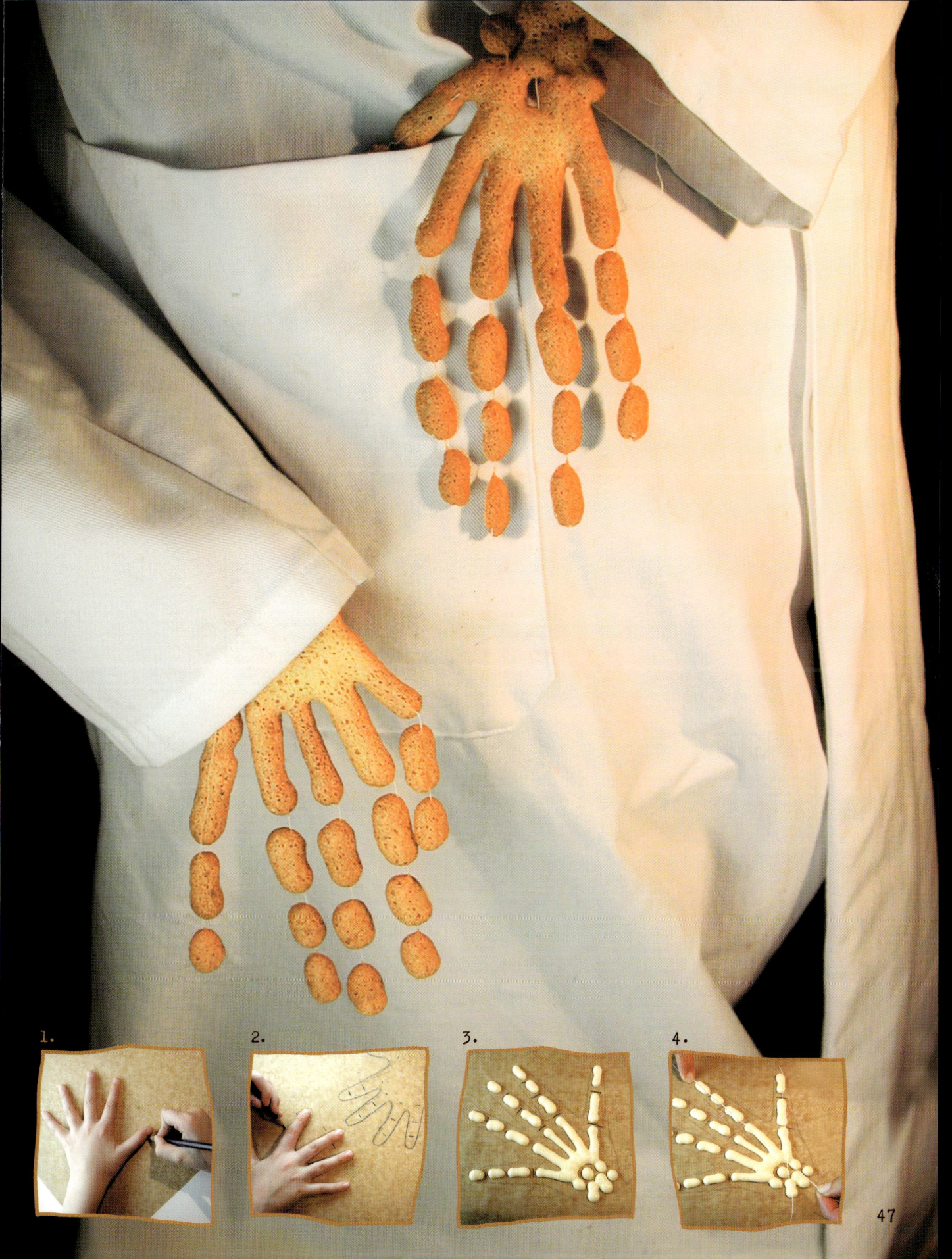

Schokotaler

Schokotaler

Wer den Taler nicht ehrt, ist die Schoko nicht wert!

Schaumig rühren: **250g weiche Butter**

Der Reihe nach hinzurühren: **200g Zucker**

1 Ei

Schmelzen und unterrühren: **120g Schokolade**

Der Reihe nach hinzukneten: **400g Mehl**

140g gemahlene Mandeln

1 Prise Salz

1 TL Zimt (nach deiner Wahl)

Rolle den gut verkneteten Teig zu 15 cm langen und 3 cm dicken Würsten. Teigwürste in Folie wickeln und 30 Minuten im Kühlschrank kalt stellen.

Die Teigwürste in 5 mm dicke Scheiben schneiden und diese auf ein mit Backpapier belegtes Backblech setzen. Im vorgeheizten Backofen 10–12 Minuten bei 200°C goldbraun backen. Abkühlen lassen.

Schmelzen: **200g Schokolade**
Die Kekstaler bis knapp zur Hälfte in die Schokolade tauchen und zum Trocknen auf Backpapier legen.

Temperatur: **200°C**

Backzeit: **10-12 Min.**

Menge: **60 Stück**

Aufbewahrung: **Blechdose**

Ritterburg

Für Burgherrinnen, Burgbauer und Handlanger!

Vorbereiten (4 mal): Schokotaler-Teig S.49

1. Grundriss zeichnen: Zeichne mit Hilfe eines DIN A4-Blattes und 4 Tassen den Grundriss der Burg auf die Unterseite eines Backpapiers.

2. Ausrollen und zuschneiden: Rolle den Teig 5 mm dick aus. Mit einem langen Messer 1,5 cm breite Streifen schneiden. Schneide aus den Streifen Rechtecke, Quadrate und Trapeze. Du brauchst davon sehr viele!! Stich einen Halbkreis für den Torbogen aus und schneide Balken für die Zugbrücke zu. Wichtig: Verbrauche den Teig nicht auf einmal, erst beim Bauen wirst du sehen, was dir noch fehlt. 10-12 Minuten bei 200°C backen.

Mauer:

Turm und Zinnen:

Torbogen:

Bogenbreite wie dein geplanter Burgeingang

Zugbrücke:
Breite wie Eingang

3. Nach und nach schmelzen: 800g Schokolade! (siehe S.61)

4. Grundriss legen: Lege die erste Schicht der Ziegelsteine entlang der Grundrisslinie. Wichtig: Eingang freilassen (torbogenbreit)!

5. Mauern bauen: Grundmauer mit viel Schokolade bestreichen und wie ein Profi-Maurer die nächsten Steinschichten versetzt darauf kleben, bis die Mauer 10 Reihen hoch ist.

6. Torbogen bauen: Beklebe nun den Halbkreis mit Hilfe von Schokolade beidseitig mit Trapezen. Trocknen lassen. Über dem Eingang einbauen und die Mauer weiter hochschichten. Wichtig: Kleine Löcher für die Zugbrücken-Seile freilassen!

Turmabschluss bauen: Klebe für die Zinnen jeweils 2 quadratische Steine zusammen. Trocknen lassen und oben auf den Turm kleben.

7. Zugbrücke bauen: Streiche Schokolade auf Backpapier. Die Zugbrückenbalken nebeneinander darauf kleben. Hart werden lassen.

8. Seile flechten: Cola-Fruchtgummi-Schnüre Drei Schnüre verflechten und ein Ende verknoten. Seil erst durch ein Mauerloch ziehen, dann durch die Löcher der Zugbrücke, anschließend durch das zweite Mauerloch; das Ende verknoten.

Probier doch mal... ein echtes Fallgitter zu bauen! Ziehe mit geschmolzener Schokolade und einem selbst gemachten Spritzbeutel Gitterstäbe auf Backpapier. Trocknen lassen. Lege die längsten Stäbe nebeneinander, quer darüber kürzere, so dass ein Gitter entsteht. Kurz im warmen Ofen verschmelzen lassen. Hart werden lassen und hinter dem Torbogen befestigen.

Ritterfest:

Ernenne deine Rittergäste zu Baumeistern, Steinmetzen, Mörtelmischern oder Schmieden und baut gemeinsam eure Burg. Sobald die Burg steht, schmückt den Innenhof so richtig mittelalterlich mit kleinen Kerzen als Fackeln. Der Sturm auf die Burg kann losgehen!

1.

2.

3.

4.

5.

6.

7.

8.

Baisers

Baisers

Omis Gaumenkitzel!

Cremig schlagen: 3 Eiweiß*

Löffelweise hinzugeben: 150g Zucker
1 gestr. EL Speisestärke

Schlage das Eiweiß so lange, bis der Zucker verbraucht ist. Weiterschlagen, bis die Eiweißmasse steif ist und feste Spitzen bildet.

Vorsichtig unterheben: 5 Tropfen rote Lebensmittelfarbe

Fülle die gleichmäßig gefärbte Eiweißmasse in einen Spritzbeutel. Spritze Häufchen, Kringel oder andere Formen deiner Wahl auf ein mit Backpapier belegtes Backblech.

Bestreuen: Zuckerperlen

Im vorgeheizten Backofen 1½-2 Stunden bei 100°C eher trocknen lassen als backen. Die Baisers zergehen so richtig auf der Zunge, wenn sie an der Unterseite fest und trocken sind. Am schönsten sind sie, wenn sie nicht braun werden.

*Die Eigelb brauchst du nicht wegzuwerfen. Du kannst sie z.B. zum Bestreichen des Buttergebäcks (S.13) oder für die Pop-Art-Farben (S.58) verwerten.

Temperatur: 100°C
Backzeit: 1 ½ - 2 Stunden
Menge: 60 Stück
Aufbewahrung: luftdicht!

Hundehaufen

Nur für Scherzkekse!

Vorbereiten:	**Baiser-Masse** (ohne Farbe) S.52
1. Zerkleinern:	**3 EL Cornflakes**
	Rice Crispies, oder ähnliches

Fülle die „Cornflakes" in einen Plastikbeutel und zerdrücke sie mit einem Nudelholz zu feinen Krümeln. (Sonst gibt es später Verstopfungen!)

2. Unterheben: Hebe die Cornflakeskrümel vorsichtig unter die Baisermasse.

3. „Haufen" spritzen: Spritze mit einem Spritzbeutel mit großer runder Tülle „Hundehaufen" auf ein mit Backpapier belegtes Backblech. Im vorgeheizten Backofen bei 100°C 1½ – 2 Stunden trocknen. Die Haufen sollten an der Unterseite fest und trocken sein. Abkühlen lassen.

4. Schmelzen: **200g Schoko-Fettglasur** Schmelzen wie auf der Verpackung beschrieben.

5. Begießen: Lege ein Kuchengitter auf die Arbeitsfläche. Nun die abgekühlten Haufen darauf legen und reichlich mit der Glasur begießen. Trocknen lassen.

6. Abschaben: Schabe mit einem Spachtel die Schokoreste von der Arbeitsfläche und schmelze sie für weitere Haufen wieder ein.

Probier doch mal... Kuhfladen, Pferdeäpfel, Hasenköddel... Wie sah wohl der Kot eines Brontosauriers aus? Ein Stuhlgang-Sortiment als Mitbringsel für das nächste Faschingsparty-Buffet wäre bestimmt ein Hit!

6 Jahre

Julian

„Ich hab einen Haufen mit Schuhabdruck gebacken – der sah voll aus wie echt!"

1.

2.

3.

4.

5.

6.

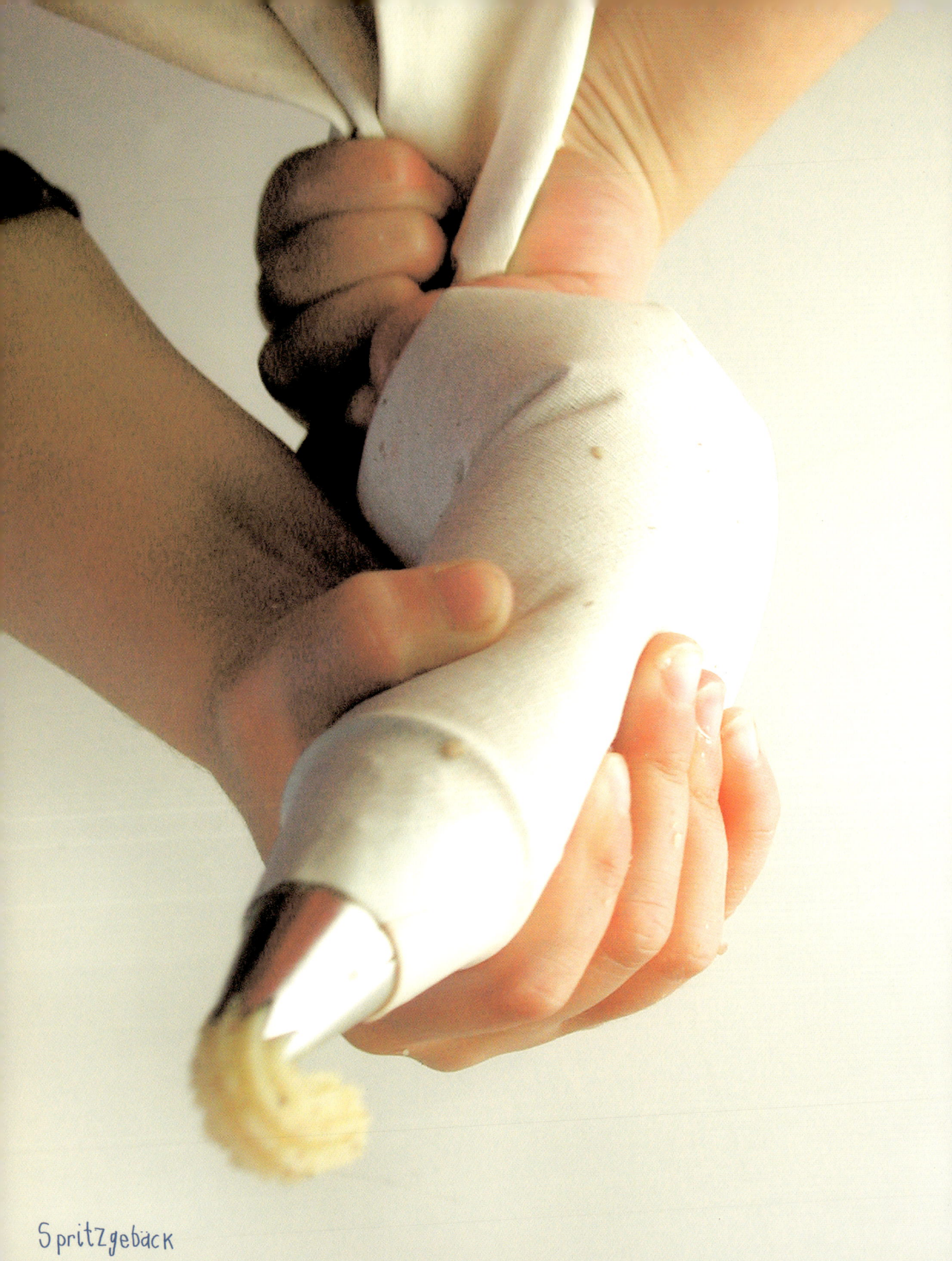

Spritzgebäck

Spritzgebäck

Alle Jahre wieder...

Schaumig rühren:	125g Margarine (keine Butter!)
Der Reihe nach hinzurühren:	125g Zucker
	1 Päckchen Vanillezucker
	1 Prise Salz
	1 Ei
	1 Eigelb*
	4 Tropfen Bittermandelöl
	225g Mehl
	60g gemahlene Mandeln
	2 EL Milch

Fülle den Teig in einen Spritzbeutel. Spritze Formen deiner Wahl auf ein mit Backpapier belegtes Backblech. Im vorgeheizten Backofen 10-15 Minuten bei 200°C goldgelb backen. Abkühlen lassen.

Für die Glasur schmelzen: 200g Schokolade

Tauche die Kekse bis knapp zur Hälfte in die Schokolade. Lege sie zum Trocknen auf Backpapier.

*Das Eiweiß brauchst du nicht wegzuwerfen. Du kannst es z.B. für Eiweißgebäck verwenden.

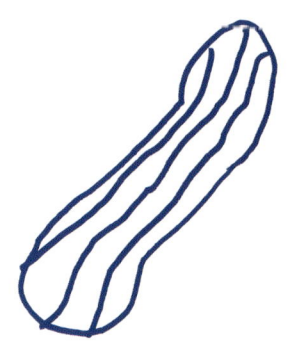

Temperatur:	200°C
Backzeit:	10-15 Min.
Menge:	30 Stück
Aufbewahrung:	Blechdose

PoP + Art

Für Kleinkünstler und Große Meister!

Vorbereiten:	Spritzgebäck-Teig s.57
1. Verquirlen:	2 Eigelb*
	1 TL Zucker
	1 EL Wasser

Verteile die gut verquirlte Eigelbmischung in 4 Schälchen.

2. Hinzumischen: **Lebensmittelfarbe**

Gib in jedes Schälchen einige Tropfen Lebensmittelfarbe und verrühre alles gut. Fertig ist die Farbpalette!

3. Zurechtschneiden: **rechteckige Oblaten**

runde Oblaten

4. Bemalen: **4 Pinsel**

Pinsel nur in der Küche verwenden! Bemale die erste Oblaten-Leinwand wie ein richtiger Künstler!

5. Aufhänger herstellen: **Weißes Baumwollgarn**

Schneide vom Garn einen 10 cm langen Faden. Verknote die Enden. Lege die Schlaufe auf die bemalte Oblate.

6. Teigrahmen spritzen: Probier die unterschiedlichen Tüllen deines Spritzbeutels aus. Setze die bemalte Oblate auf Backpapier und umspritze den Rand. Achte darauf, dass der Teig die Schlaufe bedeckt. Nun gestalte die nächsten Kunstwerke. Im vorgeheizten Backofen 10-15 Minuten bei 200°C goldgelb backen.

*Das Eiweiß brauchst du nicht wegzuwerfen. Du kannst es z.B. für Eiweißgebäck verwenden.

Backoblaten:

Hauchdünne, papierähnliche Scheiben aus Mehl und Wasser. Früher hat man ausschließlich Makronen und Lebkuchen darauf gebacken, damit sie nicht am Blech kleben blieben. Es gibt sie in runder und eckiger Form in verschiedenen Größen und sogar aus Vollkornmehl.

10 Jahre

Johanna

„Nach der Ausstellung hab ich fast alle Bilder verkauft. Die restlichen hab ich gegessen!"

1.

2.

DER FLIEGER

Einladung zur Vernissage:

Besorge beim Gemüsehändler eine Obst-
kiste. Festes Papier in Größe des
Bodens zuschneiden und in die Kiste
kleben. Für echte Spots Löcher in die
Kiste bohren und die Birnen einer
Mini-Lichterkette durchstecken.
Kiste auf die Längsseite stellen und
Bilder mit Pinnwand-Nadeln fest-
stecken. Die Ausstellung ist eröffnet!

3.

4.

5.

6.

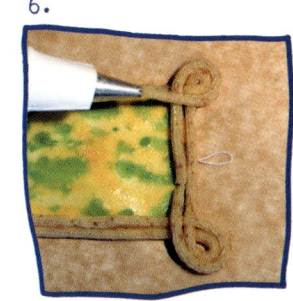

Kleine BackWerkstatt

Eier trennen

Ei auf dem Schüsselrand leicht aufschlagen.

Die Schale vorsichtig mit dem Daumen aufbrechen.

Das Eigelb trennt sich vom Eiweiß, indem du es von einer Schalenhälfte in die andere gleiten lässt.

Eigelb in kleinem Gefäß sammeln.

Eiweiß kontrollieren und Eigelbreste rausfischen. (Eiweiß lässt sich sonst nicht steif schlagen.)

Eiweiß in eine Rührschüssel füllen und erst dann das nächste Ei aufschlagen.

Tipp: Eigelb oder Eiweiß kann man bis zu drei Tage in einem geschlossenen Gefäß im Kühlschrank aufbewahren.

Mürbeteig

Mehl aufhäufen. Mulde reindrücken.

Ei in die Mulde geben. Zucker, Butterstückchen und restliche Zutaten darauf verteilen.

Alle Zutaten mit einem großen Messer gut durchhacken.

Rasch zu einem Teig verkneten.

Teigkugel formen, in Folie wickeln und 30 Minuten oder länger kalt stellen.

Arbeitsfläche und Nudelholz leicht bemehlen. Teig portionsweise ausrollen.

Der faule Trick:

Mit dem Knethaken des Rührgerätes kann man alle Zutaten zusammen durchkneten. Die Kekse schmecken genauso gut!

Eiweißgebäck

 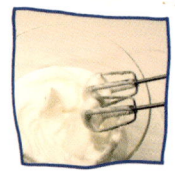 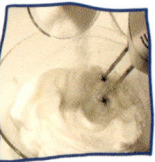  

Eier sorgfältig trennen (siehe oben).

Eiweiß mit dem Rührgerät sehr steif schlagen, bis sich feste Spitzen bilden.

Weiterschlagen und Zucker einrieseln lassen (Puderzucker unbedingt vorher sieben!). Weiterschlagen, bis sich der Zucker aufgelöst hat.

Weitere Zutaten (z.B. Kokosraspel, Nüsse etc.) vorsichtig unterheben. Nicht rühren, weil die Masse sonst zusammenfällt.

Nur bei Gasofen: Tür einen Spalt geöffnet lassen, um niedrige Temperaturen zu erreichen. Das Eiweißgebäck wird eher getrocknet als gebacken.

Spritzbeutel

  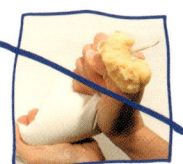 

Spritztülle am Beutel befestigen.

Teig hinein-füllen, Beutel-öffnung zusammen-raffen und Luft raus-drücken.

Achte darauf, dass die Masse beim Drücken nicht oben rausquillt.

Wenn man die Öffnung mit einem Gummi-band ver-schließt, bleibt der Teig im Beutel.

Spritzbeutel selber machen

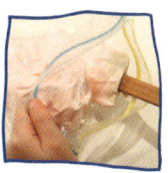  

Teig in einen Gefrierbeutel füllen und die Öffnung ver-schließen. (Verschließ-bare Gefrier-beutel gibt es im Handel.)

In eine Ecke ein kleines Loch schneiden.

Nun ein paar Testspritzer aus dem Beu-tel drücken und das Loch eventuell vergrößern.

Schokolade im Wasserbad schmelzen (dauert länger)

Schokolade in grobe Stücke schneiden.

Etwas mehr als die Hälfte davon in einen kleinen Topf geben.

Den kleinen Topf in einen großen, mit Was-ser gefüllten Topf stellen. Erhitzen auf kleiner Flamme.

Gelegentlich umrühren, da-mit die Scho-lade gleich-mäßig schmilzt und nicht anbrennt. Vom Herd nehmen.

Restliche Scho-kolade hinzuge-ben. Rühren, bis sie geschmolzen ist (Profi-trick, um spätere graue Streifen zu vermeiden).

> **Schokolade als „Klebstoff":**
> Geschmolzene Schokolade abkühlen lassen. Sie klebt am besten, wenn sie noch geschmolzen, aber handwarm ist. Sollte sie zu hart wer-den, noch mal ganz kurz im Wasserbad oder ein paar Sekunden in der Mikrowelle erwärmen.
> **Tipp:** Im Gefrierschrank erstarrt Schokolade blitz-schnell.

Schokolade in der Mikrowelle schmelzen (geht leichter und schneller!)

Schokolade in grobe Stücke schneiden.

Etwas mehr als die Hälfte davon in ein mikrowellen-festes Gefäß geben.

Mikrowelle auf max. 400 Watt einstellen.

Etwa alle 15-30 Sekunden kon-trollieren und umrühren, bis die Scho-kolade ge-schmolzen ist.

Restliche Scho-kolade hinzuge-ben. Rühren, bis sie geschmolzen ist (Profi-trick, um spätere graue Streifen zu vermeiden).

Farbpalette

lichtgelb:

goldgelb:

goldbraun:

hellbraun: Geschmacksache!

kastanienbraun: gerade noch essbar!

kohlenschwarz: wegwerfen! (Krebs erregend)

Mengenangaben

1 Prise: Menge, die man mit 3 Fingern fassen kann.

1 Msp.: Menge, die auf eine Messerspitze passt.

1 TL: Ein gehäufter Teelöffel (5 ml).

1 EL: Ein gehäufter Esslöffel (12 ml).

1 Tasse: Menge, die in eine Kaffeetasse passt (250 ml).

Abkürzungen

Msp.: Messerspitze
TL: Teelöffel
EL: Esslöffel
g: Gramm
ml: Mililiter
l: Liter

Umgang mit der Waage

Kontrolliere, ob die Waage auf „0" steht.

Falls die Waage keine eigene Waagschale hat, erst das Gefäß drauf stellen und dann die Waage auf „0" stellen.

Zutaten nach und nach einfüllen, bis das genaue Maß erreicht ist.

Umgang mit dem Messbecher

 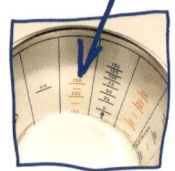 

Wer keine Küchenwaage besitzt, kann auch einen Messbecher nehmen.

Suche die richtige Zutat auf deinem Messbecher, z.B. Zucker. Bis zur Markierung der gewünschten Menge einfüllen.

Messbecher leicht schütteln, bis die Oberfläche eben ist. Kontrolliere dann, ob sie auf einer Höhe mit dem Markierungsstrich ist.

Zitronenschale abreiben (Nur ungespritzte Zitronen verwenden!)

Zitrone waschen und abtrocknen.

Mit der Reibe nur die gelbe Schale abreiben.

Das Weiße schmeckt bitter!

Mit einem trockenen Pinsel lassen sich die Schalenreste gut entfernen.

Backblech vorbereiten

Backpapier: In Größe des Bleches zuschneiden und auf Backblech legen.

Backfolie: Umweltfreundlicher, wiederverwendbar und auf Dauer günstiger. Wird wie Backpapier verwendet.

Einfetten 1: Das Blech kann mit einem Pinsel auch mit Butter eingefettet werden.

Einfetten 2: Auch das Butterpapier eignet sich prima zum Einfetten.

Bunten Zucker herstellen:

Einen halben Teelöffel Wasser mit einigen Tropfen Lebensmittelfarbe in einem Marmeladenglas mischen.

Kristall- oder Hagelzucker einfüllen. Marmeladenglas verschließen und gut schütteln.

Trocknen lassen. Wenn es schnell gehen soll, kann man den Zucker bei 160°C kurz im Backofen trocknen.

Backtemperaturen

Jeder Backofen, ob Gas, Elektro oder Umluft, heizt ein bisschen anders. Lass dir deshalb von Erwachsenen deinen Ofen erklären (bzw. einschalten). In diesem Backbuch sind alle Temperaturen für gewöhnliche elektrische Backöfen angegeben. Wenn du mit einem Umluft- oder Gasherd backst, suche dir die passende Temperatur aus der Tabelle aus. Backzeiten bleiben gleich. Backofen immer vorheizen.

Elektro:	Heißluft:	Gas:	
100°C	80°C	Stufe 1	⎫ Leicht geöffnete
120°C	100°C	Stufe 1	⎭ Backofentür.
160°C	140°C	Stufe 1	
180°C	160°C	Stufe 2	
200°C	180°C	Stufe 3	

Aufbewahrung

Lebkuchen:	**Eiweißgebäck, Biskuit:**	**Mürbegebäck, Rührteiggebäck:**
Erst an der Luft, bis sie weich sind. In einem luftdichten Einmachglas verpacken.	Gefrierbeutel, luftdichtes Glas oder luftdichte Blechdose.	Blechdose.

Kinder- Topfhandschuhe

Im Nu genäht!

1. **Ausschneiden:** Übertrage das Schnittmuster (S.65) zweimal auf Backpapier und schneide es aus.

2. **Aufeinanderlegen:** Lege je 2 Stofflagen aufeinander. Schnittmuster mit Stecknadeln an den Stofflagen festheften.

3. **Zuschneiden:** Mit einer Stoffschere zuschneiden.

4. **Festheften:** Zugeschnittene Stoffteile mit Nadeln zusammenheften (rechte Stoffseite auf rechte Stoffseite).

5. **Nähen:** Nähe an der Schnittkante füßchenbreit entlang. Am Anfang und am Ende 3 Stiche vor und zurück nähen (verriegeln).

6. **Einschneiden:** Schneide die Spitze zwischen Daumen und Faust bis kurz vor der Naht ein. Vorsicht: Die Naht nicht durchtrennen!

7. **Wenden:** Wende die Topfhandschuhe mit Hilfe eines Kochlöffels auf rechts.

8. **Säumen:** Nähe mit dem Zickzackstich an der Handschuhöffnung entlang. Schlage die Kante für den Saum 1cm breit nach innen. Mit Stecknadeln festheften. An der Kante füßchenbreit entlang nähen.

1.

2.

3.

4.

5.

6.

7.

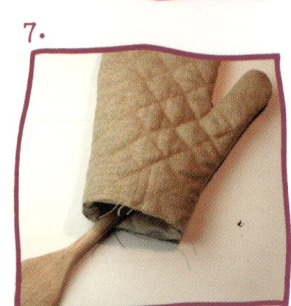

8.

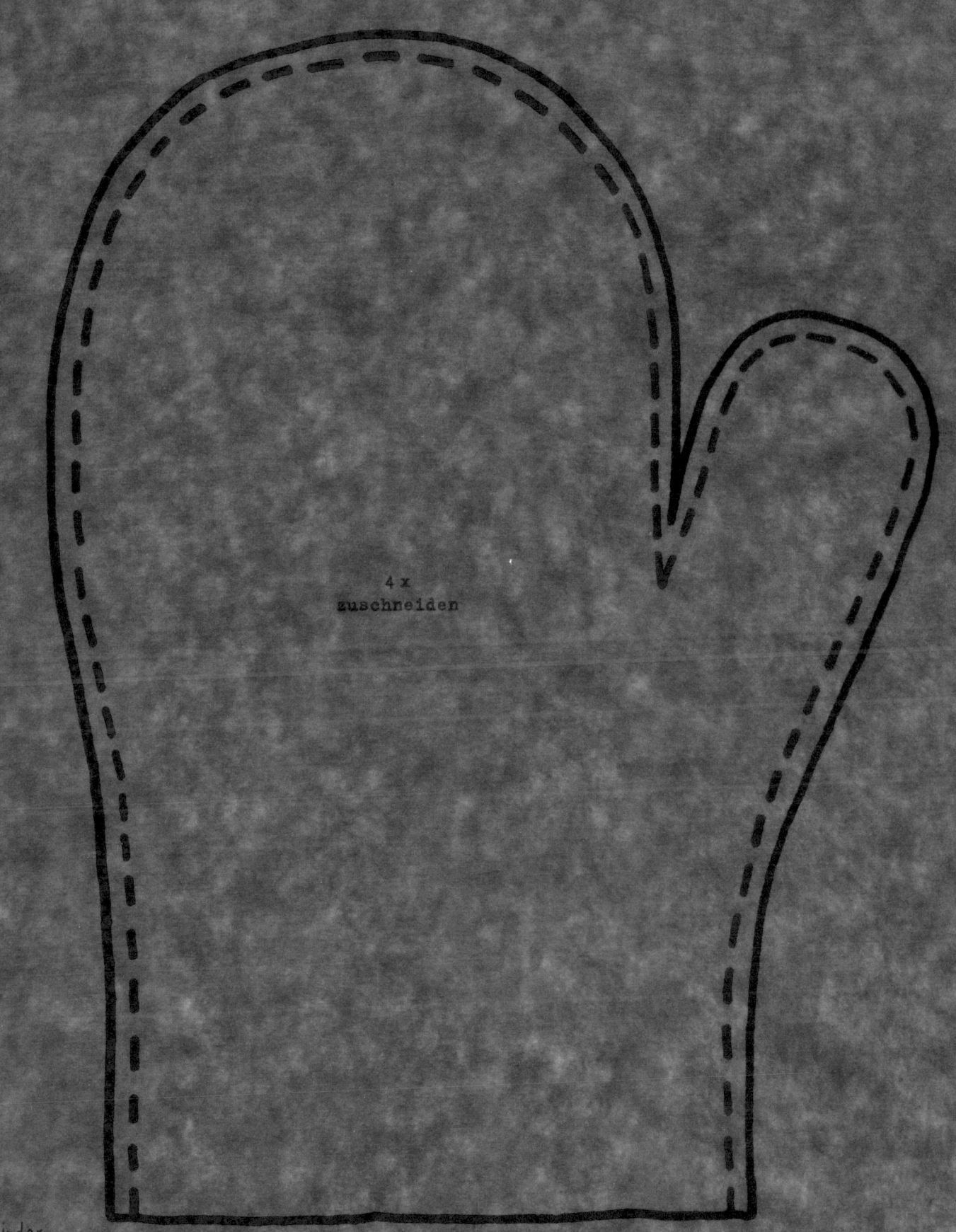

4 x
zuschneiden

Kinder-
Topfhandschuhe

65

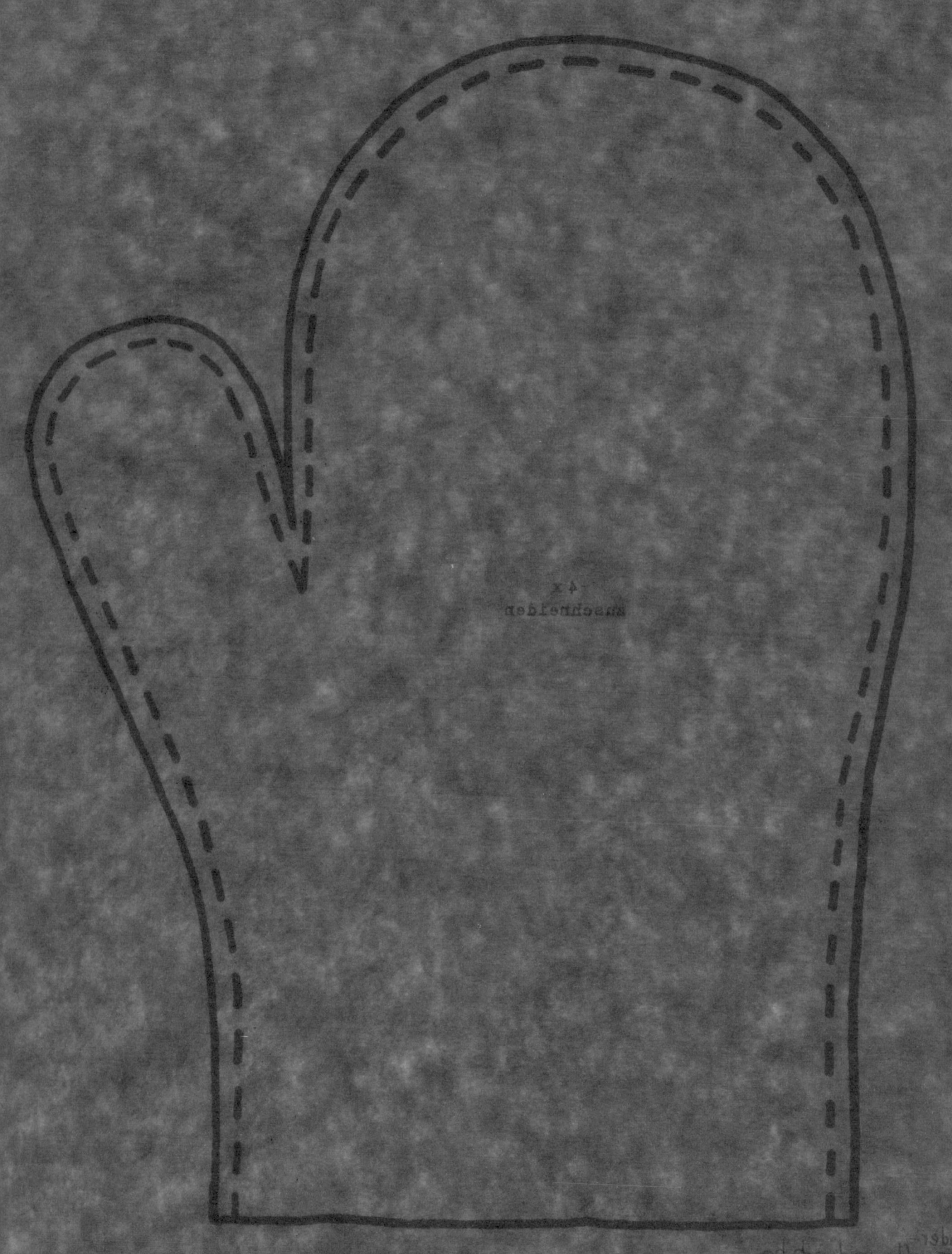

4 x
ausschneiden

Kinder-
Topfhandschuhe

Labyrinth

Labyrinth

Schachbrett und Dame.

Schachbrett und Dame

Puzzle

PN32K6